TEAHER

takes a hand
opens a mind
touches a heart
shapes the future
THANK YOU

D1318594

to: _____

from: _____

TEACHER'S NOTES

Get it Done

- [ ] _____
- [ ] _____
- [ ] _____
- [ ] _____
- [ ] _____
- [ ] _____
- [ ] _____
- [ ] _____
- [ ] _____
- [ ] _____
- [ ] _____

Date

M T W T F S S

_____ / _____ / _____

Call or Email

Take Note

_____
_____
_____
_____
_____
_____
_____
_____

mon _____   tue _____   wed _____

goals this week

things to do

○ _
○ _
○ _
○ _
○ _
○ _
○ _
○ _
○ _
○ _
○ _
○ _

thu _____

fri _____

sat _____

sun _____

Note

FIRST I DRINK
•THE•
Coffee
THEN I
≋TEACH≋
♡ THE KIDS ♡

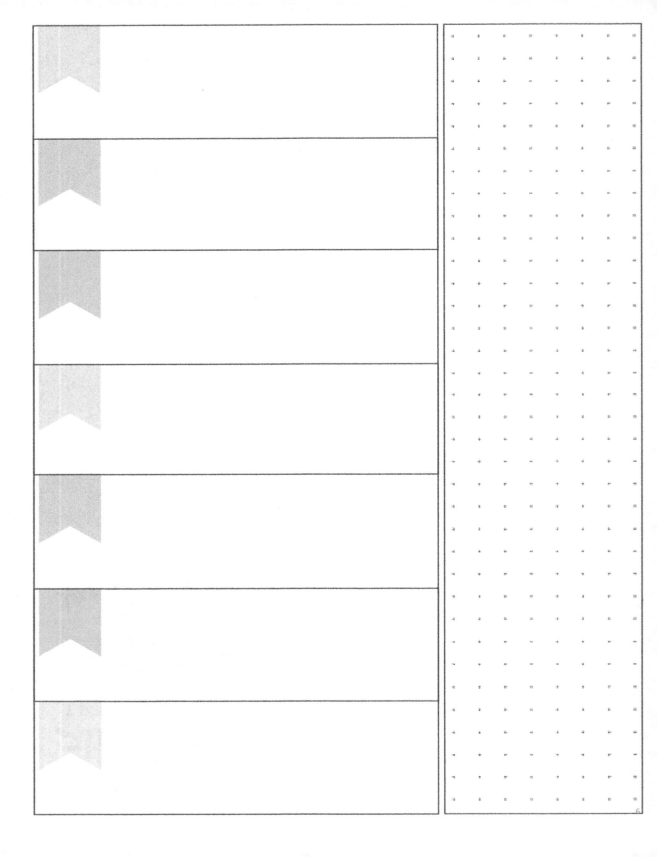

notes

TEACHER'S NOTES

Get it Done

- [ ] _____
- [ ] _____
- [ ] _____
- [ ] _____
- [ ] _____
- [ ] _____
- [ ] _____
- [ ] _____
- [ ] _____
- [ ] _____
- [ ] _____

Date

M T W T F S S

_____ / _____ / _____

Call or Email

Take Note

_____
_____
_____
_____
_____
_____
_____
_____

mon _____ tue _____ wed _____

goals this week

things to do

- ○ _____
- ○ _____
- ○ _____
- ○ _____
- ○ _____
- ○ _____
- ○ _____
- ○ _____
- ○ _____
- ○ _____
- ○ _____
- ○ _____

thu _____

fri _____

sat _____

sun _____

Note

FIRST I DRINK ·THE· Coffee THEN I TEACH THE KIDS

notes

TEACHER'S NOTES

Get it Done

- [ ] _____
- [ ] _____
- [ ] _____
- [ ] _____
- [ ] _____
- [ ] _____
- [ ] _____
- [ ] _____
- [ ] _____
- [ ] _____
- [ ] _____

Date

M T W T F S S

_____ / _____ / _____

Call or Email

Take Note

_____
_____
_____
_____
_____
_____
_____
_____

mon _ _ _ _ _ _ _ _   tue _ _ _ _ _ _ _ _   wed _ _ _ _ _ _ _ _

goals this week   things to do

O _

O _

O _

O _

O _

O _

O _

O _

O _

O _

O _

O _

thu _____

fri _____

sat _____

Note

----

sun _____

FIRST I DRINK
· THE ·
Coffee
THEN I
≥ TEACH ≤
♡ THE KIDS ♡

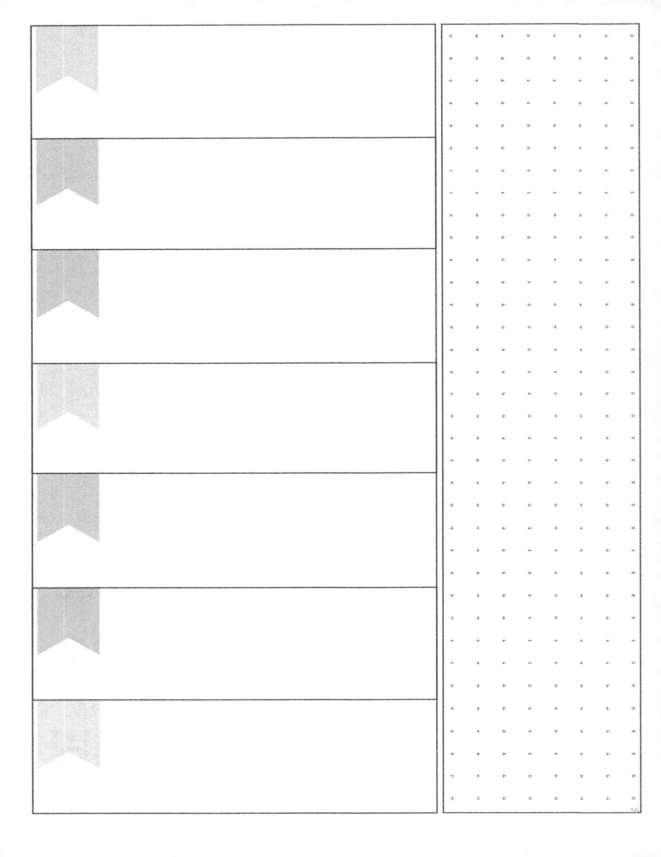

notes

TEACHER'S NOTES

Get it Done

- [ ] _____
- [ ] _____
- [ ] _____
- [ ] _____
- [ ] _____
- [ ] _____
- [ ] _____
- [ ] _____
- [ ] _____
- [ ] _____
- [ ] _____

Date

M T W T F S S

_____ / _____ / _____

Call or Email

Take Note

mon _____   tue _____   wed _____

goals this week

things to do

○ _____
○ _____
○ _____
○ _____
○ _____
○ _____
○ _____
○ _____
○ _____
○ _____
○ _____
○ _____

thu _____

fri _____

sat _____

sun _____

Note

_____
_____
_____
_____
_____
_____
_____
_____
_____
_____
_____
_____
_____
_____
_____
_____
_____
_____
_____
_____

FIRST I DRINK
• THE •
Coffee
THEN I
TEACH
♡ THE KIDS ♡

notes

TEACHER'S NOTES

Get it Done

- [ ] _____
- [ ] _____
- [ ] _____
- [ ] _____
- [ ] _____
- [ ] _____
- [ ] _____
- [ ] _____
- [ ] _____
- [ ] _____
- [ ] _____
- [ ] _____

Date

M T W T F S S

_____ / _____ / _____

Call or Email

Take Note

_____
_____
_____
_____
_____
_____
_____
_____

mon _____   tue _____   wed _____

goals this week   things to do

○ _____
○ _____
○ _____
○ _____
○ _____
○ _____
○ _____
○ _____
○ _____
○ _____
○ _____
○ _____

thu _____

fri _____

sat _____

sun _____

Note

FIRST I DRINK ·THE· Coffee THEN I TEACH THE KIDS

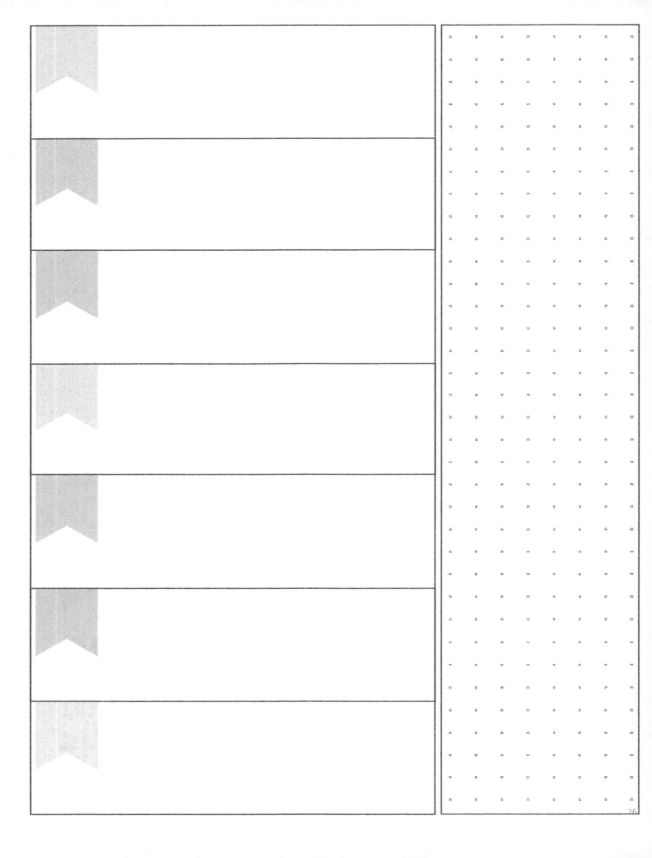

notes

TEACHER'S NOTES

Get it Done

- [ ] _____
- [ ] _____
- [ ] _____
- [ ] _____
- [ ] _____
- [ ] _____
- [ ] _____
- [ ] _____
- [ ] _____
- [ ] _____
- [ ] _____

Date

M T W T F S S

___ / ___ / ___

Call or Email

Take Note

_____
_____
_____
_____
_____
_____
_____
_____
_____

mon _____   tue _____   wed _____

goals this week

things to do

- ○ _____
- ○ _____
- ○ _____
- ○ _____
- ○ _____
- ○ _____
- ○ _____
- ○ _____
- ○ _____
- ○ _____
- ○ _____
- ○ _____

thu _____

fri _____

sat _____

sun _____

Note

FIRST I DRINK ·THE· Coffee THEN I TEACH ♡ THE KIDS ♡

notes

TEACHER'S NOTES

Get it Done

- [ ] _____
- [ ] _____
- [ ] _____
- [ ] _____
- [ ] _____
- [ ] _____
- [ ] _____
- [ ] _____
- [ ] _____
- [ ] _____
- [ ] _____

Date

M T W T F S S

_____ / _____ / _____

Call or Email

Take Note

_____
_____
_____
_____
_____
_____
_____

mon _____

tue _____

wed _____

goals this week

things to do

- O _____
- O _____
- O _____
- O _____
- O _____
- O _____
- O _____
- O _____
- O _____
- O _____
- O _____
- O _____

thu _____

fri _____

sat _____

sun _____

Note

FIRST I DRINK
· THE ·
Coffee
THEN I
TEACH
♡ THE KIDS ♡

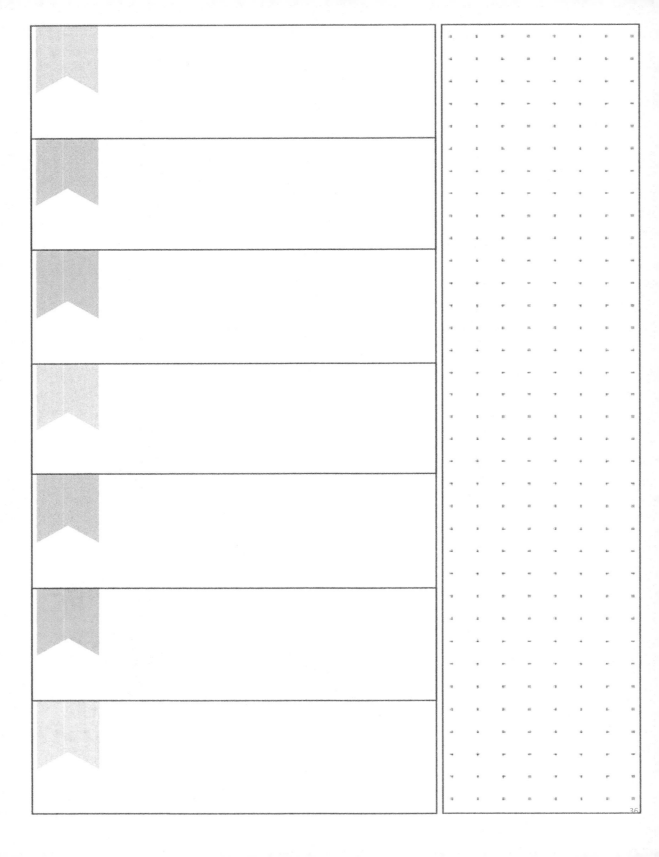

notes

TEACHER'S NOTES

Get it Done

- [ ] _____
- [ ] _____
- [ ] _____
- [ ] _____
- [ ] _____
- [ ] _____
- [ ] _____
- [ ] _____
- [ ] _____
- [ ] _____
- [ ] _____

Date

M T W T F S S

_____ / _____ / _____

Call or Email

Take Note

_____
_____
_____
_____
_____
_____
_____

mon _____

tue _____

wed _____

goals this week

things to do

- ○ _____
- ○ _____
- ○ _____
- ○ _____
- ○ _____
- ○ _____
- ○ _____
- ○ _____
- ○ _____
- ○ _____
- ○ _____
- ○ _____

thu _____

fri _____

sat _____

Note

----

sun _____

FIRST I DRINK
· THE ·
Coffee
THEN I
≡ TEACH ≡
♡ THE KIDS ♡

notes

TEACHER'S NOTES

Get it Done

- [ ]
- [ ]
- [ ]
- [ ]
- [ ]
- [ ]
- [ ]
- [ ]
- [ ]
- [ ]
- [ ]

Date

M T W T F S S

___/___/___

Call or Email

Take Note

mon _____

tue _____

wed _____

goals this week

things to do

- O _____
- O _____
- O _____
- O _____
- O _____
- O _____
- O _____
- O _____
- O _____
- O _____
- O _____
- O _____

thu _____

fri _____

sat _____

Note

_____
_____
_____
_____
_____
_____
_____
_____
_____
_____
_____
_____
_____
_____
_____
_____
_____
_____
_____

sun _____

FIRST I DRINK ·THE· Coffee THEN I TEACH ♥ THE KIDS ♥

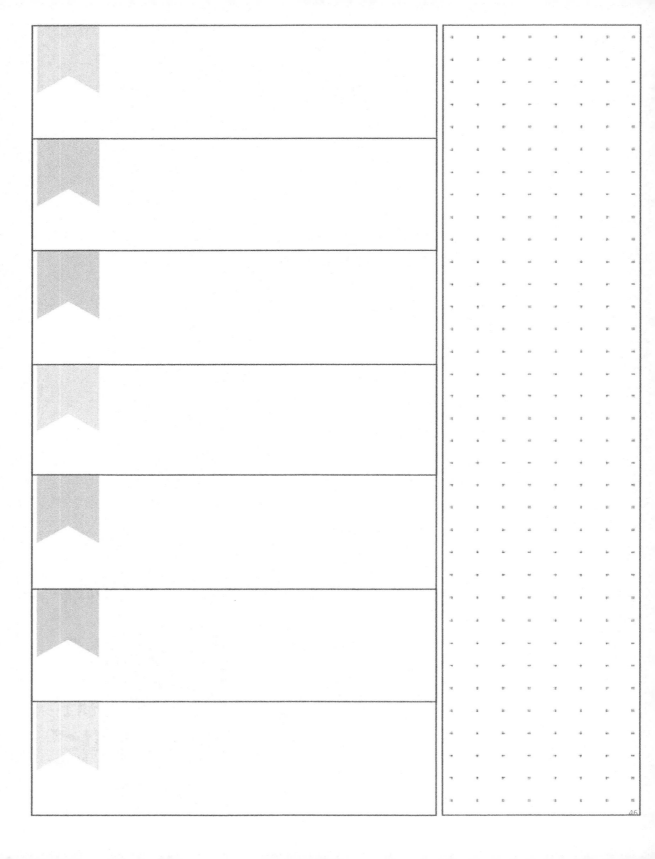

notes

TEACHER'S NOTES

Get it Done

- [ ] _____
- [ ] _____
- [ ] _____
- [ ] _____
- [ ] _____
- [ ] _____
- [ ] _____
- [ ] _____
- [ ] _____
- [ ] _____

Date

M T W T F S S

_____ / _____ / _____

Call or Email

Take Note

mon _____   tue _____   wed _____

goals this week   things to do

- ○ _____
- ○ _____
- ○ _____
- ○ _____
- ○ _____
- ○ _____
- ○ _____
- ○ _____
- ○ _____
- ○ _____
- ○ _____
- ○ _____

thu _____

fri _____

sat _____

Note

----

sun _____

FIRST I DRINK
· THE ·
Coffee
THEN I
TEACH
♡ THE KIDS ♡

notes

TEACHER'S NOTES

Get it Done

- [ ]
- [ ]
- [ ]
- [ ]
- [ ]
- [ ]
- [ ]
- [ ]
- [ ]
- [ ]
- [ ]

Date

M T W T F S S

_____ / _____ / _____

Call =or= Email

Take Note

mon _ _ _ _ _ _ _ _   tue _ _ _ _ _ _ _ _   wed _ _ _ _ _ _ _ _

goals this week   things to do

○ _

○ _

○ _

○ _

○ _

○ _

○ _

○ _

○ _

○ _

○ _

○ _

thu _____

fri _____

sat _____

Note

sun _____

FIRST I DRINK
·THE·
Coffee
THEN I
TEACH
♡ THE KIDS ♡

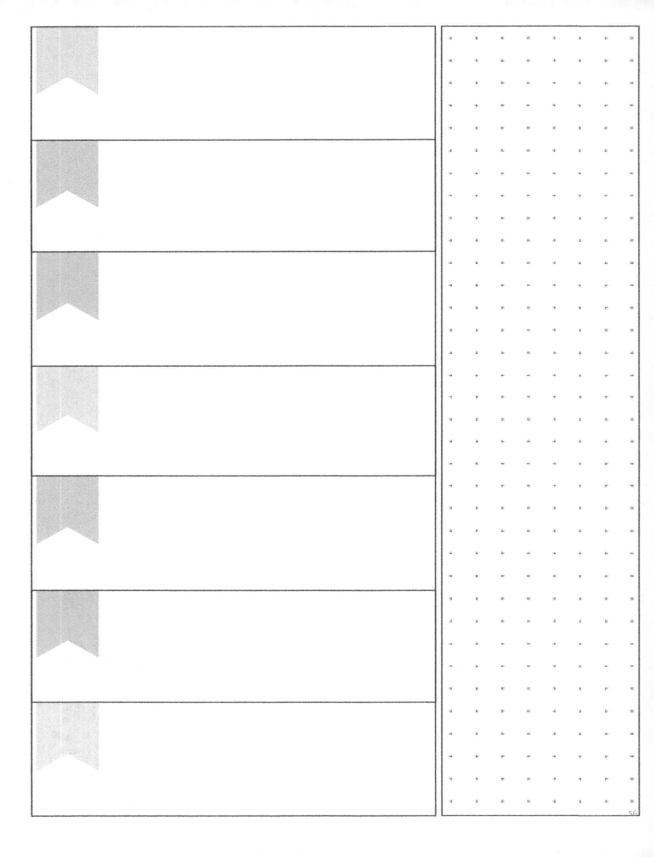

notes

TEACHER'S NOTES

Get it Done

- [ ] _____
- [ ] _____
- [ ] _____
- [ ] _____
- [ ] _____
- [ ] _____
- [ ] _____
- [ ] _____
- [ ] _____
- [ ] _____
- [ ] _____

Date

M T W T F S S

_____ / _____ / _____

Call or Email

Take Note

mon _____

tue _____

wed _____

goals this week

things to do

- O _____
- O _____
- O _____
- O _____
- O _____
- O _____
- O _____
- O _____
- O _____
- O _____
- O _____
- O _____

thu _ _ _ _ _ _ _ _

fri _ _ _ _ _ _ _ _

sat _ _ _ _ _ _ _ _

Note

_ _

_ _

_ _

_ _

_ _

_ _

_ _

_ _

sun _ _ _ _ _ _ _ _

_ _

_ _

_ _

_ _

_ _

_ _

FIRST I DRINK
· THE ·
Coffee
THEN I
TEACH
♡ THE KIDS ♡

notes

TEACHER'S NOTES

Get it Done

- [ ]
- [ ]
- [ ]
- [ ]
- [ ]
- [ ]
- [ ]
- [ ]
- [ ]
- [ ]
- [ ]

Date

M T W T F S S

____ / ____ / ____

Call or Email

Take Note

mon _____   tue _____   wed _____

goals this week

things to do

- ○ _____
- ○ _____
- ○ _____
- ○ _____
- ○ _____
- ○ _____
- ○ _____
- ○ _____
- ○ _____
- ○ _____
- ○ _____
- ○ _____

thu _____

fri _____

sat _____

Note

sun _____

FIRST I DRINK
•THE•
Coffee
THEN I
TEACH
♡ THE KIDS ♡

notes

TEACHER'S NOTES

Get it Done

- [ ] _____
- [ ] _____
- [ ] _____
- [ ] _____
- [ ] _____
- [ ] _____
- [ ] _____
- [ ] _____
- [ ] _____
- [ ] _____
- [ ] _____

Date

M T W T F S S

____ / ____ / ____

Call or Email

Take Note

mon _____

tue _____

wed _____

goals this week

things to do

○ _____
○ _____
○ _____
○ _____
○ _____
○ _____
○ _____
○ _____
○ _____
○ _____
○ _____
○ _____

thu _____

fri _____

sat _____

Note

----

sun _____

FIRST I DRINK
· THE ·
Coffee
THEN I
TEACH
♡ THE KIDS ♡

notes

TEACHER'S NOTES

Get it Done

- ☐ _____
- ☐ _____
- ☐ _____
- ☐ _____
- ☐ _____
- ☐ _____
- ☐ _____
- ☐ _____
- ☐ _____
- ☐ _____
- ☐ _____

Date

M T W T F S S

_____ / _____ / _____

Call or Email

Take Note

mon _____   tue _____   wed _____

goals this week

things to do

○ _____
○ _____
○ _____
○ _____
○ _____
○ _____
○ _____
○ _____
○ _____
○ _____
○ _____
○ _____

thu _____

fri _____

sat _____

sun _____

Note

FIRST I DRINK
·THE·
Coffee
THEN I
TEACH
♡ THE KIDS ♡

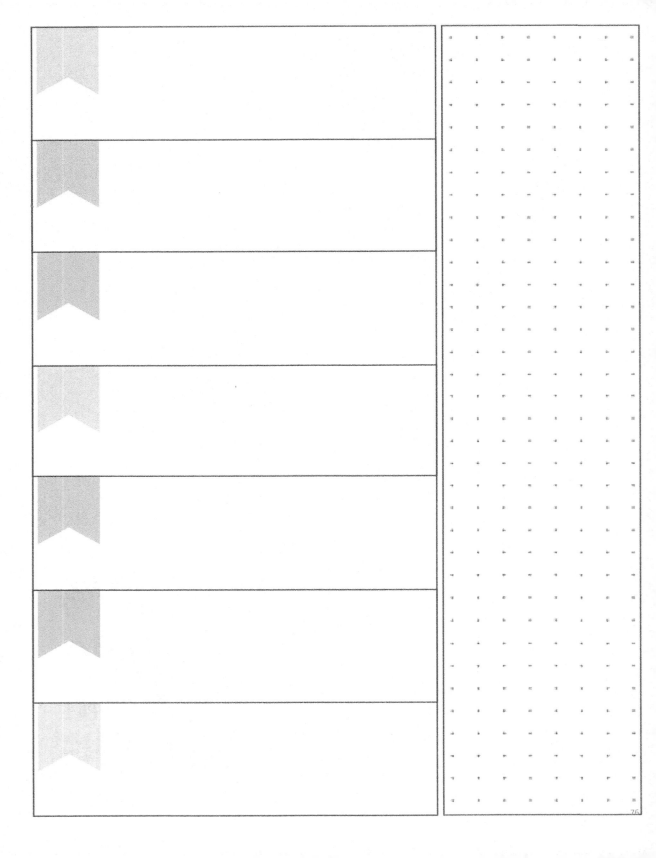

notes

TEACHER'S NOTES

Get it Done

- ☐ _____
- ☐ _____
- ☐ _____
- ☐ _____
- ☐ _____
- ☐ _____
- ☐ _____
- ☐ _____
- ☐ _____
- ☐ _____
- ☐ _____

Date

M T W T F S S

____ / ____ / ____

Call OR Email

Take Note

_____

_____

_____

_____

_____

_____

_____

mon _____

tue _____

wed _____

goals this week

things to do

- ○ _____
- ○ _____
- ○ _____
- ○ _____
- ○ _____
- ○ _____
- ○ _____
- ○ _____
- ○ _____
- ○ _____
- ○ _____
- ○ _____

thu _____

fri _____

sat _____

sun _____

Note

FIRST I DRINK
•THE•
Coffee
THEN I
TEACH
♡ THE KIDS ♡

notes

TEACHER'S NOTES

Get it Done

- [ ] _____
- [ ] _____
- [ ] _____
- [ ] _____
- [ ] _____
- [ ] _____
- [ ] _____
- [ ] _____
- [ ] _____
- [ ] _____
- [ ] _____

Date

M T W T F S S

_____ / _____ / _____

Call or Email

Take Note

_____
_____
_____
_____
_____
_____
_____
_____

mon _ _ _ _ _ _ _ _   tue _ _ _ _ _ _ _ _   wed _ _ _ _ _ _ _ _

goals this week

things to do

- O _
- O _
- O _
- O _
- O _
- O _
- O _
- O _
- O _
- O _
- O _
- O _

thu _____

fri _____

sat _____

sun _____

Note

First I Drink The Coffee Then I Teach The Kids

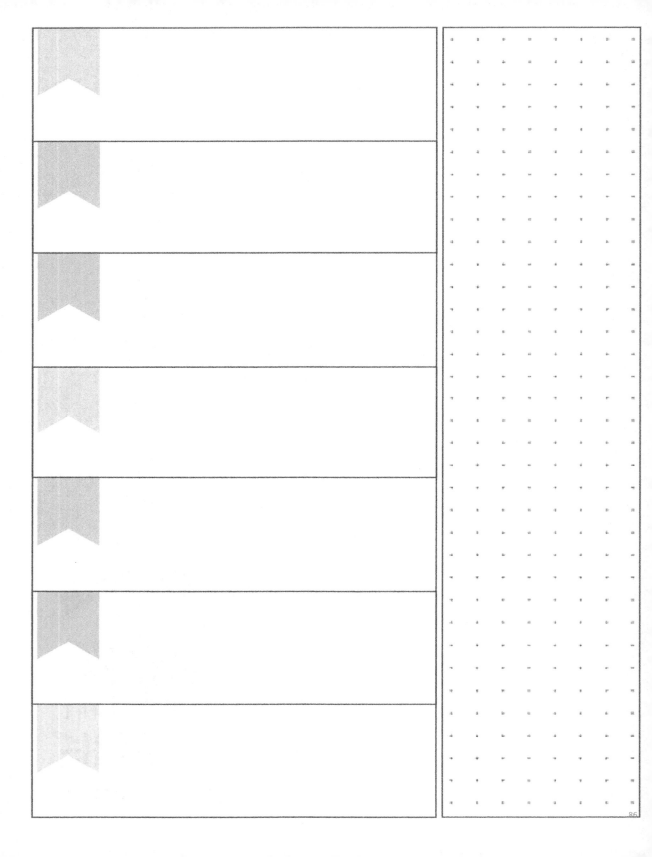

notes

TEACHER'S NOTES

Get it Done

- ☐ _____
- ☐ _____
- ☐ _____
- ☐ _____
- ☐ _____
- ☐ _____
- ☐ _____
- ☐ _____
- ☐ _____
- ☐ _____
- ☐ _____

Date

M T W T F S S

_____ / _____ / _____

Call or Email

Take Note

_____
_____
_____
_____
_____
_____
_____

mon _____   tue _____   wed _____

goals this week

things to do

- ○ _____
- ○ _____
- ○ _____
- ○ _____
- ○ _____
- ○ _____
- ○ _____
- ○ _____
- ○ _____
- ○ _____
- ○ _____
- ○ _____

thu _____

fri _____

sat _____

sun _____

Note

FIRST I DRINK
·THE·
Coffee
THEN I
TEACH
♡ THE KIDS ♡

notes

TEACHER'S NOTES

Get it Done

- [ ] _____
- [ ] _____
- [ ] _____
- [ ] _____
- [ ] _____
- [ ] _____
- [ ] _____
- [ ] _____
- [ ] _____
- [ ] _____
- [ ] _____

Date

M T W T F S S

_____ / _____ / _____

Call =or= Email

Take Note

_____
_____
_____
_____
_____
_____
_____

mon _____

tue _____

wed _____

goals this week

things to do

- ○ _____
- ○ _____
- ○ _____
- ○ _____
- ○ _____
- ○ _____
- ○ _____
- ○ _____
- ○ _____
- ○ _____
- ○ _____
- ○ _____

thu _____

fri _____

sat _____

Note

----

sun _____

FIRST I DRINK
•THE•
Coffee
THEN I
TEACH
♡ THE KIDS ♡

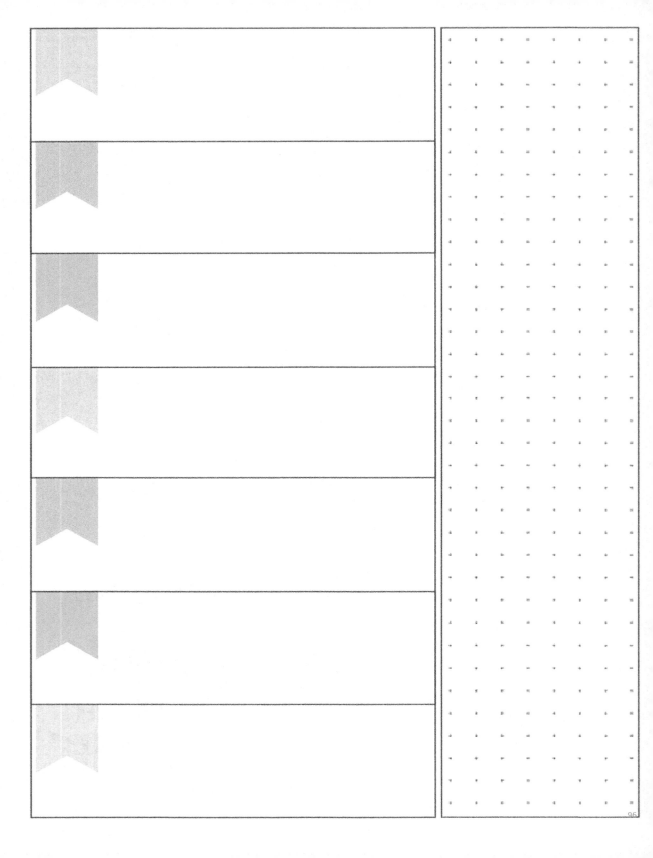

notes

TEACHER'S NOTES

Get it Done

- [ ] _____
- [ ] _____
- [ ] _____
- [ ] _____
- [ ] _____
- [ ] _____
- [ ] _____
- [ ] _____
- [ ] _____
- [ ] _____
- [ ] _____

Date

M T W T F S S

____ / ____ / ____

Call OR Email

Take Note

_____
_____
_____
_____
_____
_____
_____
_____

mon _ _ _ _ _ _ _ _

tue _ _ _ _ _ _ _ _

wed _ _ _ _ _ _ _ _

goals this week

things to do

- ○ _
- ○ _
- ○ _
- ○ _
- ○ _
- ○ _
- ○ _
- ○ _
- ○ _
- ○ _
- ○ _
- ○ _

thu _____

fri _____

sat _____

sun _____

Note
_____
_____
_____
_____
_____
_____
_____
_____
_____
_____
_____
_____
_____
_____
_____
_____
_____
_____
_____
_____
_____
_____

FIRST I DRINK
· THE ·
Coffee
THEN I
TEACH
♡ THE KIDS ♡

notes

TEACHER'S NOTES

Get it Done

- [ ] _____
- [ ] _____
- [ ] _____
- [ ] _____
- [ ] _____
- [ ] _____
- [ ] _____
- [ ] _____
- [ ] _____
- [ ] _____
- [ ] _____

Date

M T W T F S S

____ / ____ / ____

Call or Email

Take Note

_____
_____
_____
_____
_____
_____
_____
_____

mon _____

tue _____

wed _____

goals this week

things to do

○ _____
○ _____
○ _____
○ _____
○ _____
○ _____
○ _____
○ _____
○ _____
○ _____
○ _____
○ _____

thu _____

fri _____

sat _____

Note

sun _____

FIRST I DRINK
·THE·
Coffee
THEN I
TEACH
♡ THE KIDS ♡

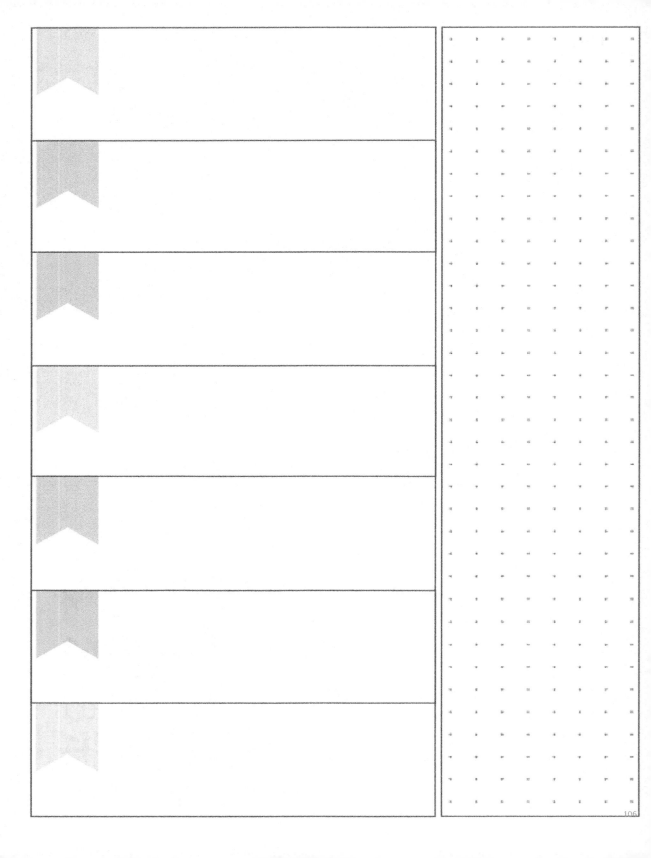

notes

TEACHER'S NOTES

Get it Done

- [ ] _____
- [ ] _____
- [ ] _____
- [ ] _____
- [ ] _____
- [ ] _____
- [ ] _____
- [ ] _____
- [ ] _____
- [ ] _____
- [ ] _____

Date

M T W T F S S

_____ / _____ / _____

Call or Email

Take Note

_____
_____
_____
_____
_____
_____
_____

mon _____   tue _____   wed _____

goals this week

things to do

- ○ _____
- ○ _____
- ○ _____
- ○ _____
- ○ _____
- ○ _____
- ○ _____
- ○ _____
- ○ _____
- ○ _____
- ○ _____
- ○ _____

thu _____

fri _____

sat _____

sun _____

Note

_____
_____
_____
_____
_____
_____
_____
_____
_____
_____
_____
_____
_____
_____
_____
_____
_____
_____
_____
_____

FIRST I DRINK
· THE ·
Coffee
THEN I
TEACH
♡ THE KIDS ♡

notes

TEACHER'S NOTES

Get it Done

- [ ] _____
- [ ] _____
- [ ] _____
- [ ] _____
- [ ] _____
- [ ] _____
- [ ] _____
- [ ] _____
- [ ] _____
- [ ] _____

Date

M T W T F S S

_____ / _____ / _____

Call or Email

Take Note

mon _____   tue _____   wed _____

goals this week   things to do

○ _____
○ _____
○ _____
○ _____
○ _____
○ _____
○ _____
○ _____
○ _____
○ _____
○ _____
○ _____

thu _____

fri _____

sat _____

Note
_____
_____
_____
_____
_____
_____
_____
_____
_____
_____
_____
_____
_____
_____
_____
_____
_____
_____
_____
_____

sun _____

FIRST I DRINK
·THE·
Coffee
THEN I
TEACH
♡ THE KIDS ♡

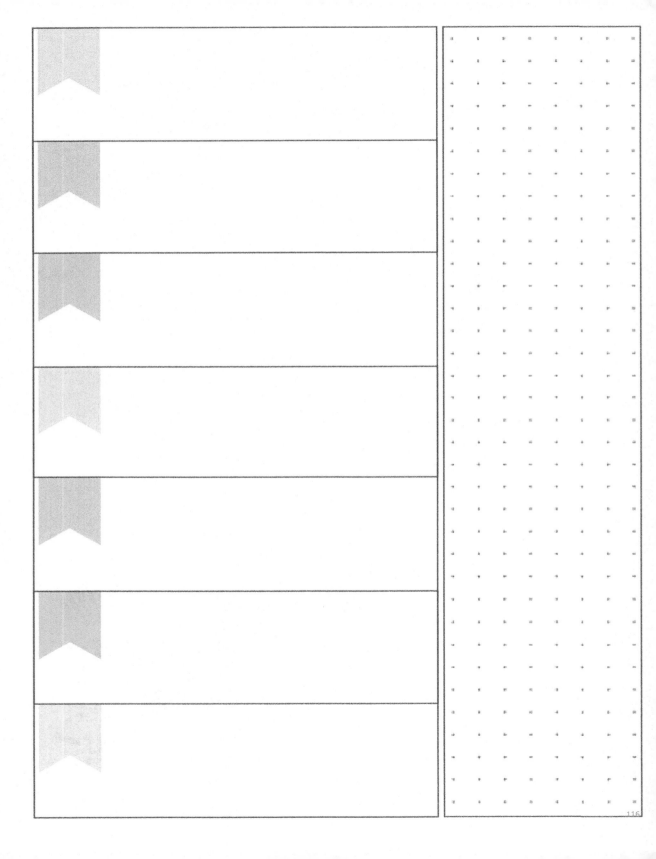

notes

TEACHER'S NOTES

Get it Done

- [ ] _____
- [ ] _____
- [ ] _____
- [ ] _____
- [ ] _____
- [ ] _____
- [ ] _____
- [ ] _____
- [ ] _____
- [ ] _____
- [ ] _____

Date

M T W T F S S

_____ / _____ / _____

Call OR Email

Take Note

_____
_____
_____
_____
_____
_____
_____

mon _____   tue _____   wed _____

goals this week

things to do

- ○ _____
- ○ _____
- ○ _____
- ○ _____
- ○ _____
- ○ _____
- ○ _____
- ○ _____
- ○ _____
- ○ _____
- ○ _____
- ○ _____

thu _____

fri _____

sat _____

sun _____

Note

FIRST I DRINK
·THE·
Coffee
THEN I
TEACH
THE KIDS

notes

TEACHER'S NOTES

Get it Done

- [ ]
- [ ]
- [ ]
- [ ]
- [ ]
- [ ]
- [ ]
- [ ]
- [ ]
- [ ]
- [ ]

Date

M T W T F S S

____ / ____ / ____

Call or Email

Take Note

mon _____   tue _____   wed _____

goals this week

things to do

- ○ _____
- ○ _____
- ○ _____
- ○ _____
- ○ _____
- ○ _____
- ○ _____
- ○ _____
- ○ _____
- ○ _____
- ○ _____
- ○ _____

thu _____

fri _____

sat _____

Note

_____
_____
_____
_____
_____
_____
_____
_____
_____
_____
_____
_____
_____
_____
_____
_____
_____
_____
_____
_____
_____
_____

sun _____

FIRST I DRINK ·THE· Coffee THEN I ≋TEACH≋ ♡ THE KIDS ♡

notes

TEACHER'S NOTES

Get it Done

- [ ] _____
- [ ] _____
- [ ] _____
- [ ] _____
- [ ] _____
- [ ] _____
- [ ] _____
- [ ] _____
- [ ] _____
- [ ] _____
- [ ] _____

Date

M T W T F S S

___ / ___ / ___

Call or Email

Take Note

mon _____   tue _____   wed _____

goals this week   things to do

○ _____
○ _____
○ _____
○ _____
○ _____
○ _____
○ _____
○ _____
○ _____
○ _____
○ _____
○ _____

thu _____

fri _____

sat _____

sun _____

Note

_____
_____
_____
_____
_____
_____
_____
_____
_____
_____
_____
_____
_____
_____
_____
_____
_____
_____
_____
_____

FIRST I DRINK ·THE· Coffee THEN I TEACH ♡ THE KIDS ♡

notes

TEACHER'S NOTES

Get it Done

- [ ] _____
- [ ] _____
- [ ] _____
- [ ] _____
- [ ] _____
- [ ] _____
- [ ] _____
- [ ] _____
- [ ] _____
- [ ] _____
- [ ] _____

Date

M T W T F S S

___ / ___ / ___

Call or Email

Take Note

mon _____   tue _____   wed _____

goals this week

things to do

○ _____
○ _____
○ _____
○ _____
○ _____
○ _____
○ _____
○ _____
○ _____
○ _____
○ _____
○ _____

thu _____

fri _____

sat _____

Note

sun _____

FIRST I DRINK
• THE •
Coffee
THEN I
TEACH
♡ THE KIDS ♡

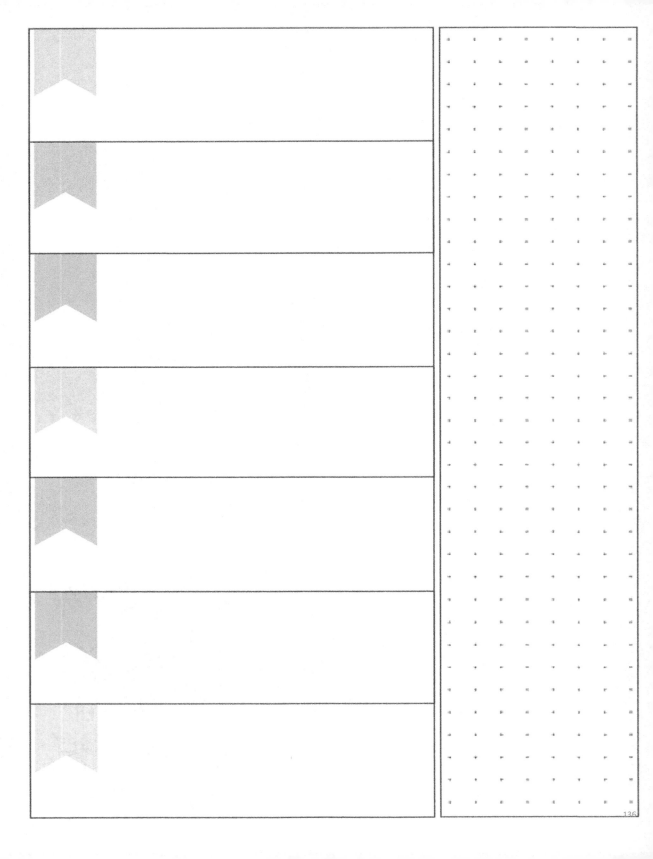

notes

TEACHER'S NOTES

Get it Done

- [ ] _____
- [ ] _____
- [ ] _____
- [ ] _____
- [ ] _____
- [ ] _____
- [ ] _____
- [ ] _____
- [ ] _____
- [ ] _____
- [ ] _____

Date

M T W T F S S

____ / ____ / ____

Call OR Email

Take Note

_____
_____
_____
_____
_____
_____
_____
_____

mon _ _ _ _ _ _ _ _

tue _ _ _ _ _ _ _ _

wed _ _ _ _ _ _ _ _

goals this week

things to do

- ○ _
- ○ _
- ○ _
- ○ _
- ○ _
- ○ _
- ○ _
- ○ _
- ○ _
- ○ _
- ○ _
- ○ _

thu _____

fri _____

sat _____

sun _____

Note

FIRST I DRINK
·THE·
Coffee
THEN I
≋TEACH≋
♡ THE KIDS ♡

notes

TEACHER'S NOTES

Get it Done

- [ ] _____
- [ ] _____
- [ ] _____
- [ ] _____
- [ ] _____
- [ ] _____
- [ ] _____
- [ ] _____
- [ ] _____
- [ ] _____
- [ ] _____

Date

M T W T F S S

_____ / _____ / _____

Call or Email

Take Note

mon _____

tue _____

wed _____

goals this week

things to do

- ○ _____
- ○ _____
- ○ _____
- ○ _____
- ○ _____
- ○ _____
- ○ _____
- ○ _____
- ○ _____
- ○ _____
- ○ _____
- ○ _____

thu _____

fri _____

sat _____

sun _____

Note

FIRST I DRINK
·THE·
Coffee
THEN I
TEACH
♡ THE KIDS ♡

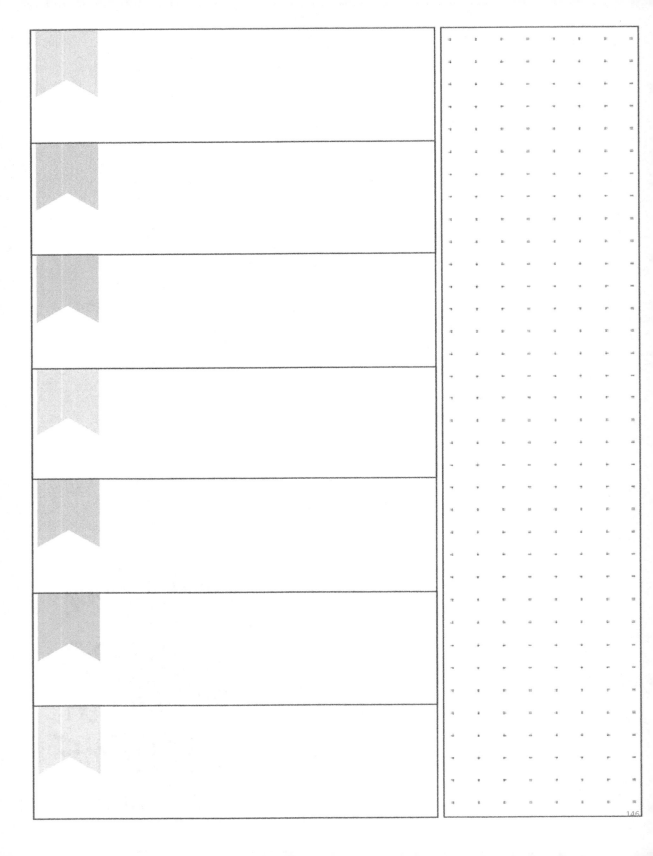

notes

TEACHER'S NOTES

Get it Done

- [ ] _____
- [ ] _____
- [ ] _____
- [ ] _____
- [ ] _____
- [ ] _____
- [ ] _____
- [ ] _____
- [ ] _____
- [ ] _____
- [ ] _____

Date

M T W T F S S

_____ / _____ / _____

Call or Email

Take Note

_____
_____
_____
_____
_____
_____
_____

mon _____   tue _____   wed _____

goals this week

things to do

○ _____
○ _____
○ _____
○ _____
○ _____
○ _____
○ _____
○ _____
○ _____
○ _____
○ _____
○ _____

thu _____

fri _____

sat _____

sun _____

Note

FIRST I DRINK
· THE ·
Coffee
THEN I
TEACH
♡ THE KIDS ♡

notes

TEACHER'S NOTES

Get it Done

- [ ] _____
- [ ] _____
- [ ] _____
- [ ] _____
- [ ] _____
- [ ] _____
- [ ] _____
- [ ] _____
- [ ] _____
- [ ] _____
- [ ] _____

Date

M T W T F S S

_____ / _____ / _____

Call -OR- Email

Take Note

_____
_____
_____
_____
_____
_____
_____
_____

mon _____

tue _____

wed _____

goals this week

things to do

- ○ _____
- ○ _____
- ○ _____
- ○ _____
- ○ _____
- ○ _____
- ○ _____
- ○ _____
- ○ _____
- ○ _____
- ○ _____
- ○ _____

thu _____

fri _____

sat _____

sun _____

Note

FIRST I DRINK
• THE •
Coffee
THEN I
TEACH
♡ THE KIDS ♡

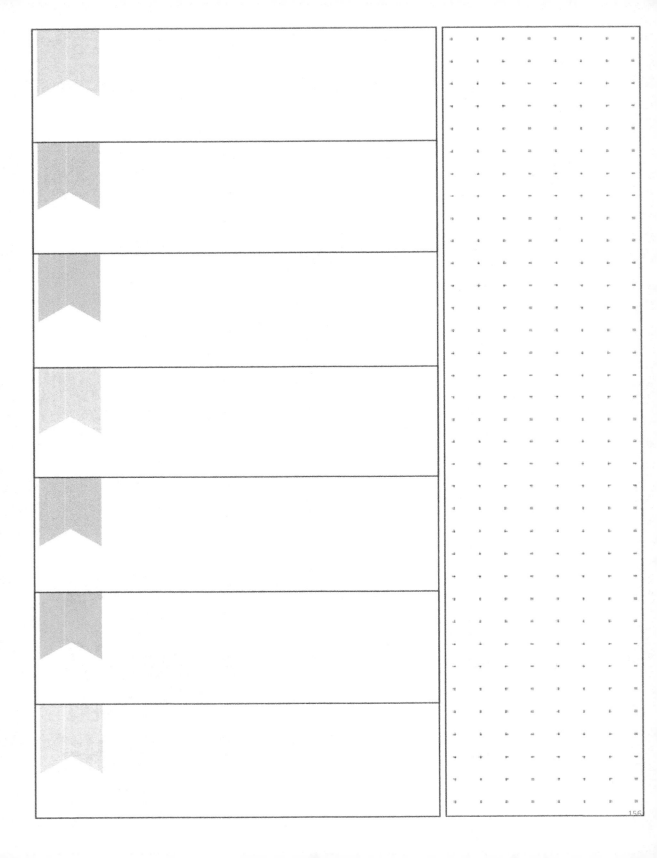

notes

TEACHER'S NOTES

Get it Done

- [ ] _____
- [ ] _____
- [ ] _____
- [ ] _____
- [ ] _____
- [ ] _____
- [ ] _____
- [ ] _____
- [ ] _____
- [ ] _____
- [ ] _____

Date

M T W T F S S

_____ / _____ / _____

Call or Email

Take Note

_____

_____

_____

_____

_____

_____

_____

_____

mon _____

tue _____

wed _____

goals this week

things to do

○ _____
○ _____
○ _____
○ _____
○ _____
○ _____
○ _____
○ _____
○ _____
○ _____
○ _____
○ _____

thu _____

fri _____

sat _____

Note

----

sun _____

FIRST I DRINK
· THE ·
Coffee
THEN I
TEACH
♡ THE KIDS ♡

notes

TEACHER'S NOTES

Get it Done

- [ ] _____
- [ ] _____
- [ ] _____
- [ ] _____
- [ ] _____
- [ ] _____
- [ ] _____
- [ ] _____
- [ ] _____
- [ ] _____
- [ ] _____

Date

M T W T F S S

_____ / _____ / _____

Call or Email

Take Note

mon _____

tue _____

wed _____

goals this week

things to do

○ _____
○ _____
○ _____
○ _____
○ _____
○ _____
○ _____
○ _____
○ _____
○ _____
○ _____
○ _____

thu _____

fri _____

sat _____

sun _____

Note

FIRST I DRINK
·THE·
Coffee
THEN I
TEACH
♡ THE KIDS ♡

notes

TEACHER'S NOTES

Get it Done

- ☐ _____
- ☐ _____
- ☐ _____
- ☐ _____
- ☐ _____
- ☐ _____
- ☐ _____
- ☐ _____
- ☐ _____
- ☐ _____
- ☐ _____

Date

M T W T F S S

_____ / _____ / _____

Call or Email

Take Note

_____

_____

_____

_____

_____

_____

_____

mon _____   tue _____   wed _____

goals this week

things to do

- O _____
- O _____
- O _____
- O _____
- O _____
- O _____
- O _____
- O _____
- O _____
- O _____
- O _____
- O _____

thu _____

fri _____

sat _____

sun _____

Note

FIRST I DRINK
• THE •
Coffee
THEN I
TEACH
♡ THE KIDS ♡

notes

TEACHER'S NOTES

Get it Done

- ☐ _____
- ☐ _____
- ☐ _____
- ☐ _____
- ☐ _____
- ☐ _____
- ☐ _____
- ☐ _____
- ☐ _____
- ☐ _____
- ☐ _____

Date

M T W T F S S

_____ / _____ / _____

Call or Email

Take Note

_____
_____
_____
_____
_____
_____
_____
_____
_____

mon _____

tue _____

wed _____

goals this week

things to do

○ _____
○ _____
○ _____
○ _____
○ _____
○ _____
○ _____
○ _____
○ _____
○ _____
○ _____
○ _____

thu _____

fri _____

sat _____

Note

----

sun _____

FIRST I DRINK
·THE·
Coffee
THEN I
TEACH
♡ THE KIDS ♡

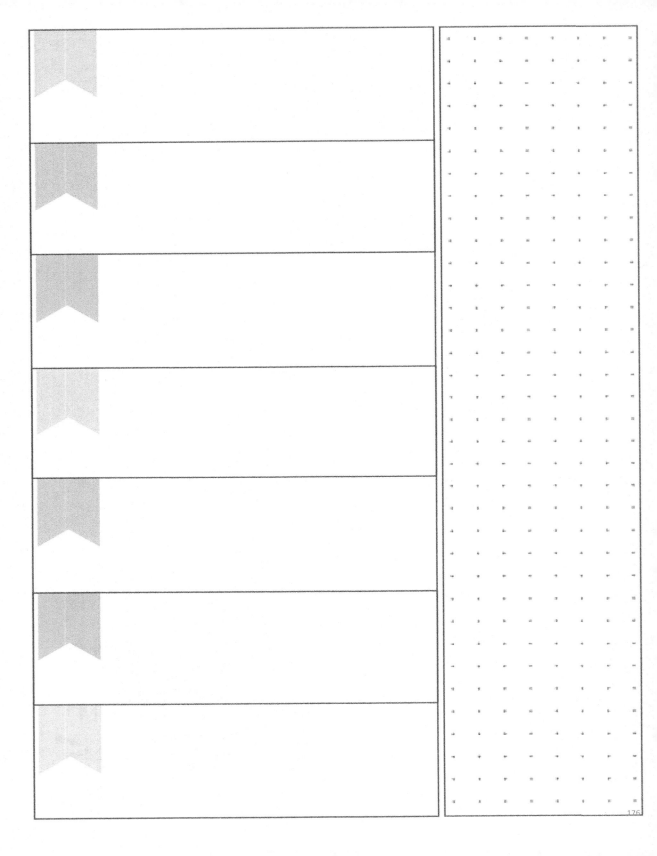

notes

TEACHER'S NOTES

Get it Done

- [ ] _____
- [ ] _____
- [ ] _____
- [ ] _____
- [ ] _____
- [ ] _____
- [ ] _____
- [ ] _____
- [ ] _____
- [ ] _____
- [ ] _____

Date

M T W T F S S

_____ / _____ / _____

Call or Email

Take Note

_____

_____

_____

_____

_____

_____

_____

mon _____   tue _____   wed _____

goals this week

things to do

- ○ _____
- ○ _____
- ○ _____
- ○ _____
- ○ _____
- ○ _____
- ○ _____
- ○ _____
- ○ _____
- ○ _____
- ○ _____
- ○ _____

thu _____

fri _____

sat _____

sun _____

Note

_____
_____
_____
_____
_____
_____
_____
_____
_____
_____
_____
_____
_____
_____
_____
_____
_____
_____

FIRST I DRINK
• THE •
Coffee
THEN I
TEACH
♡ THE KIDS ♡

notes

Thanks

For Buying our books we appreciate you. Any info You can write us at
kanepublishers@gmail.com

We'll respond as soon as we can.

Made in the USA
Monee, IL
09 May 2022

96123564R00103